지니야, 사랑도 네가 해줄래

김윤아 시집

상상인 시인선 *032*

지니야,
 사랑도 네가 해줄래

•본문 페이지에서 한 연이 첫 번째 행에서 시작될 때에는 〈 표기를 합니다.
•저자의 의도에 따라 작품의 보조 동사와 합성 명사는 띄어쓰기가 달라질 수 있습니다.

시인의 말

벗어 놓은 그림자가 고이는 곳에서
가끔 힘주어 울었다

흔들리는 달빛을 따라왔을 뿐인데
한 권의 집 속이었다

2023년 4월 강진만에서
김윤아

■ 차 례

1부 시간이 지나면 해결될 거라는 그 흔한 말을

감정서랍	19
벨라차오	20
가여운 혹은 가벼운	22
은은	24
조만간 한번 다녀가셨으면	25
캄캄에 드는 말	26
달이 피었다	27
확신과 흔적	28
오늘의 무게	30
시험대에 오른 인내	31
강진만	32
홀린 사람	33
그늘에 드는 시	34

2부   신이 날개를 허락하는 순간

외줄 타기	39
달	40
대원사 가는 길	42
흰배추꽃나비	44
안녕 페리도트	46
애기똥풀꽃	48
꽃들의 전쟁	49
가면	50
실리댁	52
이팝나무 아래서	54
느린 풍경	56
산수유 같은	57
순천문학관	58

3부 아무 생각 없는 시간에 들었다

목련꽃	63
넷플릭스 Anne	64
별밤 이야기	66
며느라기	68
불청객	70
시간은 없고 흐르는 백련사가 있네	72
봄	73
황조롱이	74
여름휴가	76
비밀일기	77
지킬 앤 하이드	78
인공지능	80
천 명의 거인	81

4부   너의 한때는 뜨거웠으니

뒤돌아보지 마라	85
열두 살 아리랑	86
아우디	88
영취산 불꽃	89
불호령	90
하르르 떨리는	91
배 볼록한 우울	92
해변의 나훈아	93
내일은 엿장수 마음	94
높이 뛰면 마흔아홉	95
특별한 바람	96
그러므로 땡큐	97

해설 _ 사랑의 갈망과 '되기'의 시학   99
이성혁(문학평론가)

1부

시간이 지나면 해결될 거라는 그 흔한 말을

감정서랍

가끔은 감정을 따로 보관할 서랍이 있었으면 좋겠다

자기 사랑이란 꽃말을 가진 노란 수선화가 앙증맞도록 예쁘지만 사랑이 자기만의 사랑이 되면

그건 누군가에겐 불행

호의를 무시하는 네 안엔 열등의식이 있어 너의 사랑이 넘칠수록 발치가 뜨겁다

바라봄이 지나치지 않게
네 앞에서 서성거리는 감정을 서랍에 넣고 싶다

감정서랍이 열리는 순간
폭발하듯 꽃이 터질 수 있으니
꾹꾹 눌러 담지 않기로 한다

벨라차오*

차오차오
하나둘 발자국이 찍힌다

살풋 흔드는 꼬리를 감아쥐고
넌 어느 세계를 맴돌다 내게로 불시착했니

그릉그릉
감았다 뜨는 눈꺼풀 속으로 들어서면
우리의 사이가 사라지고
한껏 부드러워지는 울음

내게 오기 전 담벼락이 기우는 시간을 지나왔겠지

한 번씩 웅크린 자세로 그림자를 털어내면
모서리마다 숨겨둔 야옹이 튀어나오는

차오차오
여전히 발 도장을 꾸욱 꾸욱 찍으며
갸우뚱하게 바라봐도 나는 사라지지 않을 거야
〈

품 안을 돌아 다른 방으로 훅 가버리는
비정이 있어도

너를 놓치지 않을 거야
차오차오

* 고양이 이름

가여운 혹은 가벼운

사람들은
종이컵을 물고 씹는 것을 좋아해 텀블러를 챙기지 않았고

배달의 민족답게
일회용 제품을 사랑한 죄로
여기저기 일산화탄소 군락지가 되었다

동네 송천저수지에도 연꽃이랑 개구리들은 사라지고 독사 한 마리 원을 그리며 오징어게임을 하고 있다

하늘은 재소자의 옷으로 갈아입은 듯 뿌옇고 백 년 넘은 금목서는 제 이름을 떼 내고 바람은 더 이상 바람이기를 포기한 채 지구 밖으로 가버린다

오늘

시장 좌판 위에서
하루 종일 뒹구는 양파 한 망을 주섬주섬 바구니에 담아 집으로 왔는데 내 안의 물, 불, 공기, 흙에 신열이 난다

〈

점퍼를 꺼내 입고 PCR 검사를 받으러 가야겠다

죄 없는 바람은 언제 다시 불어올까

은은

혼자 빛나는 걸 좋아하지 않아 서로의 마음을 두드립니다 보슬보슬 비 내리는 날에도 겹벚꽃 환하게 피어오르는 날에도 마음의 바퀴는 맞물려 굴러갑니다

농부의 아들인 그대이기에 가을 태풍이 지상을 스쳐 지나간다 해도 지치지 마시길 농사는 하느님과의 동업이기에 떨어진 낙과가 하느님이 빼낸 썩은 이라는 걸 잊지 마시길

햇살 속의 촛불은 가여운 게 아니라 은은한 겁니다 마음이 켜져 있다면 그 사랑은 이미 봄을 예약해 둔 겁니다

속을 너무 태워 아무도 그대를 몰라보더라도 나만은 알아볼 테니

조만간 한번 다녀가셨으면

  몇 시간만이라도 당신이 다녀가신다면 나는 어떤 눈으로 당신을 맞이할 수 있을까 몇십 년을 유복녀로 살아온 내게 당신은 캄캄함이고 터널 같아서 가끔은 쏟아지는 외로움을 두 발로 툭툭 차 멍든 외로움으로 지냈지 당신은 영정사진 속에만 있어 엄마는 그 흔한 가족사진 하나 없는 낡은 사진첩을 보며 눈물을 닦았지 나는 단 한 번만이라도 당신이 오신다면 노랑 스웨터를 입혀드리려고 짜놨지 당신의 윤곽이 서서히 사라지는 새벽녘, 베란다에 수북한 담배꽁초는 당신을 만나기 위한 나의 유일한 방법

  조만간 한번 다녀가셨으면

캄캄에 드는 말

함연지 함월지
꽃도 달도 없는 밤

하나이면서 여럿인 내가 캄캄한 나를 본다

하나의 내가 무너지면 다른 하나의 내가 태어나
수많은 내가 하나의 나를 갖기 위해 피 터지는 전쟁이
일어난다

시간이 지나면 해결될 거라는 그 흔한 말을
믿어야 할까 믿지 않아야 할까

안에서 밖을 생각하다
생각이 걱정을 낳고 걱정이 생각의 나를 낳아

어떤 나는 애초부터 있었고
어떤 나는 애초부터 없었다

달이 피었다

균형과 불균형 사이
그곳에서 가끔 힘주어 울었다

숨 한 번 내쉬고 풀어야 할 삶의 숙제들처럼 생활 아래 쌓이는 어제의 바다와 오늘의 산과 내일의 절벽

딸아,
알고 있니?

그림책을 통해 배우는 것이 한발 물러나 바라봄이듯 오늘의 강가에서 물이 바위를 치고 나가는 것을 바라보다 눈감고 유유히 흘러가는 저 찬란한 광휘의 물줄기를 떠올려보자

사이가
흠뻑 젖을 때까지

확신과 흔적

돌아보면
여행 같아야 할 당신과의 세월이
엄동설한 같은 날들로 가득 차 있었다

당신 속에 터를 이루고
생활을 일으키고 소멸해 가는 과정 속

확신과 흔적이라고 쓴
이끼도 곰팡이도 아닌 헛다짐을 덮고 있는 글귀를
낡은 서랍 속 메모지에서 본다

인간의 힘으로 할 수 없는 영역을 침범하려 할 때
신은 노여워한다

당신을 중환자실에 입원시키고
집으로 혼자 돌아오는 길

컴컴한 도로에 후미등 불빛이
지칠 줄 모르고 따라온다
〈

돌아와
방구석에서
쭈글해진 생의 갈피에 앉아
당신을 적어 내려가고 있다

오늘의 무게

첩첩 오지마을 자오족의 한 여자가
아이들 학비가 없어 하루 종일 무너지듯 울다가

장터에
가져간 물건 다 팔지 못하고
두 다리 풀린 가축처럼 돌아오다가

어깨는
짐의 무게가 아니라
자꾸 흘러내리는 가난으로 내려앉아

얼마를 더 버텨야
지구의 무게가 모두에게 같아질 수 있을까 생각하다가

지구 밖으로 흩뿌리는 땀과 쏟아지는 눈물이
여전히 그녀의 무게임을 알면서도

꽃피어 눈부시게 아름다운 날을
설핏 떠올려보다가

시험대에 오른 인내

나는 너에게 약하다
너는 안다 내가 너에게 약하다는 것을

네가 내 심장을 향해 총을 겨눌 때마다 나는 더 가슴을 크게 내민다 내가 얼마나 강철 같은 다짐으로 그 총을 맞으려는지 내가 얼마나 강자에겐 강한지

그걸 넌 아직 모른다

강진만

 빈 양동이 가득 달빛을 담고 개펄로 나가는 사람들 바지락 낙지 꼬막등 꼼지락거리는 것들을 잡아 와 나눠 먹는 강진만

 밤마다 별자리를 공부하던 소년이 거친 파도를 헤치며 먼바다로 나가는 당신을 위해 할 수 있는 것은 작은 기도뿐

 당신은 그물을 걷어 올리며 기다리고 있을 소년을 생각하겠지만 돌아와 그리움을 쏟아부으며 뜨거운 입맞춤으로 적시려 하겠지만

 새들이 활자처럼 날아오르는 첫새벽 소년은 바다만 바라보고 있다
 당신의 뱃머리만 찾는다

홀린 사람

손가락 둥글게 말아 쥐자
그곳으로 모여드는 시선들

일제히 연주자들
그 손끝에 집중하며 소리를 낸다

지휘봉의 끝은
관객을 어디까지 데려다 놓을지
어둠 속
'짜라투스트라는 이렇게 말했다'가
서곡으로 나온다

한 소프라노가 14층 소녀를 계단으로 밀어 올리는 순간
13층과 15층 사이에서 화음이 터진다

몸과 느낌표 사이로 지나가는 물결
기립박수가 터진다

상상하는 모든 것들이 들려오는
어느 것도 놓치고 싶지 않은 나는
홀린 사람

그늘에 드는 시

시가 된 나무는 많아도
나무가 된 시는 드물다

느릅나무 굴참나무 향나무 포구나무
나무의 그늘을 가지고 와 시를 쓰는 사람들

나는 나무의 잎새마다
이름을 붙여보려는 아주 볼품없는 소녀

얼마나 나뭇잎의 마음을 쟁여야
나무의 속에 가 닿을 수 있을까

잎새의 그늘에 드는 일은 나무가 되려는 일

저 잎새들도 내 이름을 데려다
제 그늘 밑에 놔준다면 얼마나 좋을까

내 그늘에 오늘의 마음을 맡기고 잠깐의 잠에 빠질 때
모로 누워 뒤척여
〈

나무에게로 다가서려는 저녁
오가는 바람의 발자국이 나를 만진다

몸이 가려워진다

2부

신이 날개를 허락하는 순간

외줄 타기

신神이
날개를 허락하는 순간

추락할 틈 없이 날아가는 새처럼
찰나가 무지개다리를 건너 구름의 집에 들었다가 무한 대인 하늘에 닿으려 한다

위를 올려다보는 모두의 시선이 머물 곳을 찾을 때
터지는 함성

중력을 벗어 던지고
줄 하나에 매달린 도전으로 지옥과 천당을 오가는 사이
가끔은 착지해야 할 세상 귀퉁이에 이마와 발이 부딪치기도 한다

외줄은 언제나 간발의 차이로 출렁인다

달

유복녀라 했다 나는

반도 끝자락 작은 어촌마을
달은 밤마다 엄마를 갯벌로 불러냈다

꼬막 낙지 칠게의 검은 구멍들과 술래잡기를 위해 엄마가 갯벌로 출근하면
옆집 할미 아짐 언니들이 젖을 물리고 기저귀를 갈았다고 했다

젖을 물고
손가락으로 달의 표면을 어루만지다
우둘투둘한 표피를 손톱으로 긁으면
핏줄이 부풀어 오르던 붉은 달

우유병처럼 마개를 뽑아 실컷 들이키고 싶은 목마름으로

낮과 밤이 바뀌어도
어둠의 저편으로 번지는 끝나지 않을 울음
바다가 차올라야 그쳤다고 한다

〈
어느 날
서로를 끌어당기는
달과 엄마의 촌수를 따지다가
푸른 잉크를 찍어 검은 목마름을 달래기 시작했다

대원사 가는 길

꽃이 피는 동안은 즐거운 죽음도 뒤따른다

산허리에
복사꽃 복병이 숨어 붉은 피 흩뿌리는 시오리 벚꽃 길은
천국에 다다르기 위한 지옥 길

차를 몰고
가다 서기를 반복하다 멀미가 심해도
아스팔트 위에 더운 열기가 더해져도
간다

어제의 꽃잎들은
오늘의 꽃비 되어 흩날리다
천년의 도량에서 범종 소리 들으며 잎과 잎이 맞닿아 합장하고

골짜기는 치솟고 산은 누워버려
지금의 나는 누구인가 여기는 어디인가
차라리 묻지 않기로 한다
〈

이미 일주문 안에 들어섰으니
천봉산 봉황이 내려와 깃 치는 소리 들려도

나는 한 꽃!
슬며시 피어났다

흰배추꽃나비

낙하산이 허공을 쥐고 흔들 때
착지점을 놓쳐버린 오빠

내가 세상 바깥으로 나가기 전에
오빠는 이미 세상을 접고 말았다

그날 배추흰나비는 무리 지어 허공을 장식했다지 그래서 허공을 나는 나비는 모두 오빠 같았다지

오디오에서
추억의 노래가 흘러나오면
호랑나비춤을 추다가 전신의 통점이 아파오는 것을 느껴야 했고
뷰티플 선데이는 세드 선데이가 되고

호랑나비 한 마리
어쩌다 무릎 위에 내려앉았다 날아가면 맨발로 쫓아나갔다
발뒤꿈치를 들고도 잡힐 듯 잡히지 않는 오빠
〈

오빠
어디 가는 거야

오늘도 배추흰나비들 무리 지어 날고 있다
제 이름을 기억하고 불러주기를 기다리듯 머뭇거린다

안녕 페리도트

엄마는 매일 같이 노랠 불렀지

딸아!
너는 내 영원한 보석
누구도 대신할 수 없는 고통으로 담금질 된 나의 페리도트

그래서일까
8월에 태어난 나는 페리도트를 좋아했지
백화점에서 너를 처음 본 순간 두 손에 올려놓고 온몸이 전율했지

네 안에
물이 흘러 꽃이 피었던 모습과
거센 회오리바람이 숨겨져 있는 것을 보면서

그날은
23년 동안 세상을 쳇바퀴처럼 돌다가
다시 태어나 보겠다고 스스로 다짐한 날이지
〈

내가 나에게
델피늄꽃 한 다발 안기며 너를 만났지
그 후로 눈길 마주칠 때마다 볼에 키스를 퍼부었지
엄마처럼

매일 같이 노랠 부르지

페리도트!
너는 내 영원한 보석

애기똥풀꽃

모야모를 검색하니
애기똥풀꽃으로 나온다

꽃말은 엄마의 지극한 사랑 또는 몰래 주는 사랑

눈을 뜨지 못해 앞을 볼 수 없던 아기 제비가 개안에 특효인 애기똥풀꽃을 어렵게 찾아냈는데 꽃 옆에 뱀이 있어 엄마 제비가 뱀과 싸우다 끝내 죽고 말았다는 꽃의 전설

손끝에서
애기똥풀꽃이 수줍게 꽃잎을 열어 펼치고 있다
꽃에게 이곳은 절일까 절벽일까

다시 한번 온전한 엄마로 태어나보려는
이 여름날

꽃들의 전쟁

　꽃들의 전쟁이 시작되면 둥그렇게 모여 앉은 우리는 서로 가진 패를 훔쳐봤고 청동자가 오기 전까지 피가 마르고 기다림은 길었지만 한치의 양보도 없었다 언니들 틈에 낀 막둥이 나는 모란 한 송이를 들고 승부를 걸기도 하였다

　그즈음 엄마의 금고는 바닥나 쓰나미가 몰려오더니 우리의 판도 깨졌다 깨진 판에서 우리는 네모난 화단의 우렁가족이 되었다 언니들은 차례차례 화단 밖으로 밀려나갔다 더 이상 버틸 재간이 없던 엄마는 집을 시세보다 싸게 내놨으나 수년 동안 구매자가 없었다

　그러던 어느 날 별안간 뉴딜정책이 생긴 듯 집은 높은 가격으로 군에 매입되었다 복권이라도 당첨된 듯 엄마는 덩실덩실 춤을 추었다

　칠 공주 꽃들의 전쟁은 다시 시작됐다

가면

위험한 하루,

아무 일 없다는 듯
나만은 그렇지 않다는 듯 어둡지 않게 밝지도 않게

미간의 깊은 주름에 아이크림을 붓고 핑크빛 립스틱 화사하게 메이크업하고 반짝이는 원피스를 꺼내 입자
　인디언 인형처럼

플랫폼에 줄을 서서 서명한 방명록 속의 내게 햇빛 쏟아져도 간질거려도 가면은 벗지 말자

고혹적인 스모키의 표정
그대로 있자

무대에 서지 않아도
실수가 뚫어지게 바라봐도
세상이 깊게 파이고 내가 더 깊게 파인다 해도

킬 힐을 신고

찬란하게 걸어 나가자

다시 나에게로 돌아올 수 있게
잘 지워지게

실리댁

그녀에게
보리 익어갈 무렵은
하루보다 일 년이 빠르고 일 년보단 하루가 길었다

낮엔 농사일 밤엔 갯일에
손등이 자라 등처럼 두텁게 갈라진 실리댁

기역이 되었다가 니은이 되는
헛간에서 아무렇게나 뒹구는 호미 같은 그녀

요즘엔 보리밭에서
깡마른 보리가 되어 남들보다 허리 펴는 시간이 잦았다

실리댁 잠시 허리를 펴고 하늘을 봐요 비행기 성운이 기차 구름을 일으키네요 저 안엔 오빠 구름도 있을 거예요 그러니 걱정 마세요 하늘나라 올림픽에서 금메달 목에 걸었을 거예요

언제부턴가
그녀에게 유일한 위로가 되는 말을 해준다

〈
이맘때면
나도 보리 몸살을 앓는다

이팝나무 아래서

이팝나무 아래
한껏 입 벌려 눈부시게 충만한 가난을 맞고 싶다

가뭄이 시작되고
기우제 대신 이팝나무 아래서 막걸리판을 벌이던 사람들

하늘에 구멍을 내겠다는 그들과
나는 같은 꿈을 꾸었다

오빠 배고파! 라는 말에 밑동이 잘려 나가도 가지를 올리는 이팝나무처럼 떨어진 꽃잎을 쓸어 담아서라도 누이에게 고봉밥을 먹여주고 싶어 했던 오빠

하늘이 구멍 난다면
그 오빠를 만나러 갈 수 있을 것 같았다

나는 지금도 오래전 무너져 내린 집을 들락거리며 채반에 올린 뽀얀 잔치국수를 나르던 기억 속에 머물곤 한다

〈
오빠는
내 가슴의 심장이 되었다

느린 풍경

굽이굽이 늘어나던
이 밭 저 밭 아버지의 땀방울이 툭툭 떨어지던
개구리도 남생이도 땀방울이 닿으면 손을 번쩍 들어 손뼉 치던

아버지가 있는 풍경은
속도를 줄이고 보아야 선명하게 보인다

풀들이 흔들릴 때 용곡 양반 큰아들을 찾는다 *교통순찰 중인디 뭐시라고 한다요. 그람 밥이나 먹고 갈래* 같은 소리가 들리고

계절이 바뀔 때마다 손등이 굽이굽이 굳어갔던 아버지가 보이는데

이제야 마음을 전하려니
전해 받을 사람이 없다

용호리 대문을 열자
저 들판 사이로 아버지 건너오시는 듯해
뛰쳐나가게 만드는

산수유 같은

산수유 마을엔
산수유가 피지 않아도
사람들은 사철 노란 꽃을 가슴에 달고 산단다

골짜기로 계절의 시새움이 흘러들어도
하늘과 가장 가까운 대화를 나누는 사람들

어떤 이가
산수유는 꽃이 아니라 나무가 꾸는 꿈처럼 보인다고
말했을 때

마음속 노랑에서 붉음으로

꽃에서 열매로 가는 길이 보였다

순천문학관

책으로 즐비한 흑두루미

한 마리의 흑두루미를 뽑아 든다

가족 단위 삼삼오오 모여
동토의 땅을 떠나 시베리아 기단을 타고
하늘에 날갯짓을 기록하며 날아온

흑두루미는 아무도 흉내 낼 수 없는 살아 있는 횡단이라는 문자

순천만 국가정원과 습지 사이 순천문학관
사람과 자연 사이에 흑두루미는 둥지를 틀었다

날개의 언어를 인간의 양식으로 풀어놓고
인간의 감정을 새의 먹이로 풀어놓은 곳

그녀는 무진기행을 필사하고
딸은 물에서 나온 새를 읽는다
〈

점점 파닥이는 흑두루미와 함께
어디로 한번 날아가 볼까

그녀 어깻죽지를 만져보는
순천문학관

3부

아무 생각 없는 시간에 들었다

목련꽃

목련이 불을 켰다

중세의 어느 성을 밝히던 은촛대를 목련은 어떻게 기억해 냈을까 가지마다 불빛이 흘러내리고 있다 어둠 속에서 아우성치는 목련꽃으로 아파트 2층 베란다가 환하다 그 환함 속에서 나는 잠시 기도를 한다 바람 불어 어쩌다 저 꽃몽우리 떨어진다면 꽃이 다칠까 천천히 뛰어 내려오게 해달라고 두 손을 꼭 잡는다

넷플릭스 Anne

이름은 Anne
천 일 동안 앤과 서로 사랑이 겹친 날은 단 하루였네˚

나도 초록 지붕 빨간 머리 앤과 사랑한 날이 단 하루 겹쳤어 천일의 앤과 빨간 머리 앤이 영혼의 숨소리로 진화되었다지

캐나다 프린스에드워드섬의 빛나는 윤슬들을 바라보며 바람을 통해 Anne과 소통하는 초록 지붕

앤의 수다스러운 목소리가 우리 집 식탁에서도 들려 이 집의 진짜 주인은 누구일까

무심하지만 현명한 길버튼 같은 남편? 우정을 소중히 여기는 다이애나 같은 우아한 큰딸? 손재주가 많아 콜처럼 예술가적 기질을 가진 작은딸?

앤의 이야기는 끝났는데 초록 지붕 속엔 아직 끝나지 않아 나는 드레스를 입고 왕관을 쓰고 스텝을 밟는다
〈

그대를 향한 나의 마음은 무엇일까?

비극적인 앤과 빨간 머리 공주 앤과 취업준비생 취업 지원을 위한 커리어 현대판 앤?

가방을 들고 일터로 나가는

* 〈천일의 앤〉 영화에서 앤의 대사

별밤 이야기

생 래미'에
발을 들여놓으니
나를 씻기는 별들의 빛

몇 개의 계절을 돌아온 별들을 모아 놓는다
건너오지 못한 별은 모두 환한 대낮이 되었다

빈센트 반 고흐
당신은 작은 행성
나는 생 래미 밤하늘을 지키는 수호천사

손만 뻗으며 잡힐 듯한
달 같은 별과 해 같은 달이 나를 향해 쏟아지고 있지

발뼘으로 당신과의 거리를 재는 시간

천문에 발을 디뎌 본 이들은 알지
우리의 몸을 구성하고 있는 물질이
먼 옛날 어떤 별의 일부분이었다는 걸
〈

돈 맥클린의 노래보다
더 감미로운 속삭임이 내 머릿속에서 불꽃놀이를 하며
펑펑 터지고 있다

* 고흐가 지낸 곳

며느라기

며느라가!

저 소리는
예감이 예사롭지 않아

화약고 같은 검은 불을 어디서부터 댕겨 볼까

마을 앞 늙은 모과나무에 유령이 앉아 성냥을 건넨다
불을 댕길 검불이 마당에 한가득이다

배추를 커다란 고무통에 담고
아무리 헹궈도 헹궈지지 않는 소금기들

며느라가!

마시려던 커피잔은 깨지고
서둘러 뒷밭으로 간다

가을 태풍 지나간 자리에도
은갈대 노란 꽃은 피었지만

〈
내게 이미 질 때를 알아 버리게 한

며느라가!

불청객

세준 것도 아니고 여행을 위해 잠시 비웠을 뿐인데

이번엔 어떤 놈들이야!

제주도 에메랄드 물빛 은갈치 한라봉 돌하르방을 급하게 챙겨 들고 돌아와 문을 열고 들어서니

불청객 바라보듯 바라보는 돈벌레, 바퀴벌레, 개미…

외진 구석 어두컴컴한 창고에 쌀을 저장하고 싱크대 문과 문 사이에 밥상을 차리고 있는 녀석들

몇몇은 침실에서 뜨겁게 사랑을 나누고 몇몇은 베란다 방충망에 달라붙어 나를 바라보는 녀석들

순간,
내가 침입자일까?

초대받지 않은 자처럼 낯선 침입자가 되어 살인도 서슴지 않았다

〈
비탈리 샤콘느가 흘러나오는 동안

시간은 없고 흐르는 백련사가 있네

우직한 풍모에서
선비의 향기가 번지는 다산이 반갑고

공기가 바뀐 오후
혼자 놀다 낯을 붉히는 배롱나무가 반갑고
거미줄을 타고 어슬렁어슬렁거리는 쇄기도 반갑네

세상이 지워진 숲의 한켠
약천에서 물을 받아 다조에서 차를 끓이며
혜장을 기다리는 마음을 알겠고

스삭스삭 풀숲을 가로지르다
함박웃음 짓는 백면서생의 옷자락을 잡아보게 되는
강진

바람과 손잡고
언제나 눈에 삼삼한 이 장면 속으로
자주 들어가네

봄

늦잠을 잔 가지가
눈 비비며 봄을 깨우자 봄이 몸을 풀며 일어난다

나는 나무에 눈 맞추며 인사하고
새들은 잔가지에 앉아 지들끼리 인사를 나눈다

교정엔
새내기들이 봄을 향해 강의실 문을 열고 얼굴을 내밀고

죽은 줄 알았던 향림사 늙은 소나무가 밑동에 연초록 싹을 내밀 듯 봄을 흔들어
나는 진짜 봄인가 싶어 눈 비비다

봄 향기 가득한 쑥과
돌담에 속삭이는 햇살을 매만지며 걸었다

햇살이 봄을 눈부시게 밀고 오고 있다

황조롱이

베란다에 황조롱이가 둥지를 틀고
하나 둘 셋 알을 낳았다

누군가 찾아오면 커피를 들고 창가로 가 소소한 대화를 나누다가도 새장 안을 들여다보게 되었는데

어느새 훌쩍 커버린 황조롱이
종종종 걸음이 바빠지다 한 마리가 날아갔다

먹이는 잘 먹는지 바람 부는 날에도 파닥일 수 있는지
내내 궁금해하면서

나는 남아 있는 황조롱이의 일상을 살피는 CCTV가 되었다

조만간에 남은 두 마리도 바람꽃처럼 곁을 떠나겠지
불현듯 창가로 날아와 갸우뚱거리며 안부를 묻겠지
그러면 나는 그 발자국 소리에 맨발로 뛰쳐나가겠지
〈

말은 안 해도 그럴 거라고
황조롱이와 눈을 맞춘다

여름휴가

모든 시간을 꺼버리고
아무 생각 없는 시간에 들었다

일한 자 떠나라는 말에 다른 곳으로 다른 나라로 바쁘게 떠나는 사람들의 여름휴가를 바라보다

올여름 휴가지를 그림 속으로 잡았다

꽉 조이던 옷을 벗어 던지고
꽉 조여 오던 일상을 집어 던지고

그림 속의 그림 같은 세상을 거닐다 그 세상의 너머까지 가 본다

그곳은 끝없는 침묵이라서

아무것도
아무 생각도 없이
몇 날 며칠을 그곳에서 지내다 돌아왔다

좀 살 것 같다

비밀일기

인사이동이 있었고
상사는 한마디 안부도 없이 떠났다

물어볼 것이 남아 있어서
바람결 따라 여름 햇살을 나르는 남해바다를 찾아가 윤슬에게 물었다

물의 요정은 아폴로 신에게 반했지만 아폴로 신은 사랑을 받아주지 않았다*

연戀이라는 그물에 걸리지 않는 추억이 부풀어 오를 때
윤슬은 그 추억을 덮느라 더 반짝였다

무관심 속이라는 다른 세상에 있었지만
바다야, 비밀일기를 보여줄 테니
몇 장 넘겨주길

* 해바라기 꽃말, 상징

지킬 앤 하이드

몸과 마음의 거리는 얼마나 될까
이중생활에 드는 회의감

무한정 선과 악을 분리할 수 없어
날마다 두 얼굴을 가지고 무대를 걸으며 원했다

다른 배역을 주세요
이 역할은 너무 힘들어요

엎질러진 행동으로 분노의 부피가 커질 때마다
텅 빈 복도 끝에 오래 서 있었다

오늘도 풀리지 않는 손가락으로
종이를 펼치며 노래한다

새야 새야 파랑새야 녹두밭에 앉지 마라

옆방에서
스위치가 켜지고
붉은 눈빛으로 내 마음을 유혹해

어둠 속에서 별빛을 던진다

나의 반쪽을 비우고
그대의 반쪽을 받아들였지만
여전히 두 얼굴

인공지능

지니야
오늘 날씨 어때, 트로트 틀어줘, 크림 스파게티 레시피 좀 알려주겠니 하면 지니가 척척 알아서 한다

로봇 청소기가 내 눈과 마주치면 손님이 나간 자리를 깨끗하게 정리하고 아바타 친구와는 가상 백화점에서 코트를 사고 네일아트를 예약받는다

알람 경보가 울리는 플랫폼으로 뇌졸중을 앓는 셋째 언니의 혈압과 발열 체크하고 메타버스를 타고 청와대에 다녀오고 세종에 땅을 산다

사이버스페이스에 접속하여 내 생애 최고의 스타가 되기도 하고 새벽부터 대형 확대경 속으로 은빛 방호복을 입고 하이퍼루프*에 탑승하며 미래로 간다

이제는 어쩌다
지니야 사랑도 네가 해줄래, 하게 되는

* 진공 튜브에서 차량을 이동시키는 형태의 운송수단

천 명의 거인

몽마르트르 언덕에 오르면
창꼼*을 통해 숨어 우는 바람이 나를 적신다

마당에 서 있는 사과나무엔
3·1운동 만세 소리가 주렁주렁하고

계성성당 오빠들은 밤새 국기를 만들고 언니들은 일본 순사에게 들키지 않으려고 빨강 파랑 줄무늬 팬티를 갈아입는다

청라언덕에 동무 생각 떼창 울려 퍼질 때
내게도 뜨거운 피가 온몸에 퍼져
그들을 위해 별곡을 붙여 본다

춘삼월이 되면 청라언덕의 사과나무를 흔드는 천 명의 거인들이
나무 위에 걸터앉아 있어

나는 그들과 더 가까워지기 위해
자세를 바로잡는다

---

* 밀어서 여닫는 문의 제주방언

4부

너의 한때는 뜨거웠으니

뒤돌아보지 마라

낙엽아 뒤돌아보지 마라 한때는 저 뜨거운 태양을 품고 하늘을 올려다보았고 한때는 그늘로 지친 것들을 쉬게 하였으니 떨어지는 낙엽아 뒤돌아보지 마라 너의 한때는 뜨거웠으니 그 뜨거움에 온몸을 불태웠으니 가볍게 떨어져라 나도 바라보려 애쓰지 않을 테니 떨어진 낙엽아 굴러라 구르고 구르다 잘게 부서지면 누군가에게 성냥불이나 부탁해라 마지막으로 낙엽 태우는 냄새나 풍기겠다고

열두 살 아리랑

조선의 여공 이름표를 달고 배에 올랐던
열두 살 동무

순사는 복숭아처럼 뽀얀 볼을 어루만지기도 하였다

배고픔을 잊으려 타국에 갔지만
어둠과 어둠만이 존재하는 섬의 동굴

고향의 배고픔보다 더 지독한 배고픔이 기다리고 있었다

엄니 생각, 아부지 생각에
옅은 노랫가락 소리가 동굴 밖으로 새어 나온다

아리랑 아리랑 아라리요

해방이 되었지만 귀향 못한 동무가
타국의 하늘 아래를 영혼으로 떠돌고 있어

빼앗길 것도 뺏을 것도 없는 지금

동무가 그리워
소녀상을 보면 손을 덥석 잡게 된다

아리랑 아리랑 아라리요

아우디*

   프라다 숄을 두르고 빨래방에 간다 잘 로스팅된 어제와 오늘이 있어 원두커피는 맛있고 세탁기 돌아가는 소리와 나의 시간이 함께 돌아가 아우디로 자릴 지킨다

   우리들의 우정이 끝까지 지속될 수 있을까?
   의문을 품으며 거품 물고 돌아가는 세탁기

   어제는 골드미스 오늘은 현모양처 내일은 커피숍에서 커리어우먼과 사향고양이 똥으로 커피를 마실 것이다

   스멀스멀 기어오르는 시속의 차이
   오직 아우디를 위하여

* **아**줌마들의 **우**정은 **디**질 때까지

영취산 불꽃

365일 꺼지지 않은 여천공단 불빛

섭씨 45도 속으로
하청업자들의 삶은 타 버리고
전선과 전선이 부딪쳐 스파크가 일어날 때

공단 뒤 영취산에도
불청객들이 버린 담배꽁초로 시도 때도 없이 불꽃이 튄다

진달래 터널 속 불청객의 뜨거운 사랑은 지겹고
사랑 후에 남겨진 것들은
무책임뿐

공단 사람들도
영취산의 꽃들과 화합하듯
화전에 막걸리 한잔 걸치며 환하게 웃을 수 있다면

불호령

강진 간다

강진엔 돌아가신 할머니가 하늘을 이고 천년을 사는 북산 눈썹에 걸린 은행나무에 들어 뿌리에 뿌리가 나도 흘러가는 데로 흘러가도 아무 말 없이 무심으로 사시는데

갑자기 불호령이 떨어진다

모란이 피었다 지고 헝겊 가방을 멨던 소녀가 푸른 제복의 순경과 손깍지 끼고 걷다가 그 불호령을 맞는다

살아계실 때나 지금이나 여전히 손녀 걱정이 이만저만 아니다

하르르 떨리는

계절에 반기를 들며
별안간 터진 생리혈처럼
베란다 철쭉이 철 지나 눈꽃을 틔웠다

그 꽃눈을 지는 해가 들여다본다
초록을 허물어 버린 계절이라 꽃눈도 많이 놀랐나
하르르 떨리는 꽃눈

극치는 지극하다

지는 햇살이 괜찮다 괜찮다 하면서 젖을 물린다
젖내 흥건한 베란다

산고의 고통을 겪은 철쭉을 위해
물을 떠 온다

배 볼록한 우울

 코로나로 한겨울 철원의 날씨처럼 온몸이 추워 밤새 잠들지 못했다 입을 틀어막은 마스크 덕분에 소리 한번 지르지 못하고 뉴스 속보는 하루가 멀다 하고 변이는 서로 질세라 번식에 번식을 더해간다 책상 위의 다육들도 침묵의 마스크를 덮어썼는지 우울 먹은 우울이 배부르다

해변의 나훈아

엄마의 애창곡은
나훈아의 해변의 여인

엄마의 해변은
이승을 떠난 오빠를 원망하기 안성맞춤인 곳

우르르 파도가
수많은 갈매기를 불러들이는 동안
그리움을 모래톱에 파묻으며 멀리서 밀려오는 엄마

쎄에에 쎄에에

오빠의 목소리 같아
엄마의 발걸음이 잠시 멈춰지고

불의의 사고 이전으로 되돌아갈 수 있다면
잠깐의 만남이 허락된다면

쎄에 쎄에에

황혼 빛에 물들은 여인의 운동자

내일은 엿장수 마음

　오뉴월 긴긴 해를 엿가위로 잘라 가며 엿통 짊어지고 산마루 넘고 넘어 정적에 잠긴 마을을
　깨우던 육자배기

　동무들과 큰 샘가에 모였다가 서로 뒤질세라 집으로 돌아가 쇠붙이란 쇠붙이는 다 가지고 나와 엿으로 바꿔 먹던 그 맛

　실컷 엿 먹고 돌아가 혼나던 그 맛

　지금 그 엿장수는 없지만 어느 엿장수가 엿통을 메고 마루 넘어 들어오며 *엿 사세요 엿 사!* 가위소리는 들리지 않고 내일은 엿장수 마음

높이 뛰면 마흔아홉

반갑다
마흔아홉아

동천에 핀 벚꽃처럼 예뻤으면 했는데 피기도 전에 기나긴 장마의 연속이었고 내 속을 쪼개보니 얼어붙은 돌멩이였지만

오동도 앞 바닷바람을 품고 있는 동백꽃처럼 한순간 툭 떨어질 것 같은 마흔아홉이지만

이 길을 건너가니 저 길이 궁금하고
저 길을 건너보니 그 길이 아쉬웠었지만

상처 없는 사람은 누구도 없다고
양푼에 비빔밥 한 대접 비벼 먹는 마흔아홉 같아

해운에 가려 쉬이 아직 잘 보이지 않아도 그대로 받아들이기로 한다

여전히 높이뛰기를 해야 하는
나의 마흔아홉

특별한 바람

  훈민정음 활자와 숫자들이 연초록 잔디에 옹기종기 앉아 있다 봄바람 불자 향지연에 잉어들이 낙우송 앞에 모였다 흩어지기를 반복한다 오는 봄을 막을 수 없듯 난봉산을 등지고 불어오는 이 바람도 막을 수 없어 학생들과 싱그러운 바람을 함께 들이마신다 갓 태어난 봄바람처럼 다시 태어나고 싶어 안달이 난 이 봄날

그러므로 땡큐

강물 소리 들리고
별이 되려는 물풀들이 서늘한 예감 쪽으로 팔을 흔들지만

행간마다 깊어지는 한숨

나를 씻을 수 있는 소리는 언제나 밖에서 들려오고
그 지점에서 물풀들은 자라고

돌돌돌 말린 등 보이며
흰 백지에 얼비친 얼굴을 들여다본다

그 얼굴이 하려는 이야기를 어떻게 풀까 고민하지만
왼쪽으로 꼬이나 오른쪽으로 꼬이나 그게 그거라서

언제나 아침은 퀭한 얼굴을 내밀게 된다는 것
기분 좋게 별 문장 하나 손에 들었다면

땡큐!

■ 해 설

사랑의 갈망과 '되기'의 시학

이성혁(문학평론가)

 김윤아 시인은 이 시집을 통해 작품 발표를 시작한다. 그는 한국에서 통용되는 등단 절차를 밟지 않았는데, 사실 외국에서는 시집 출간을 통해 작품 활동을 시작하는 경우가 더 많은 것으로 알고 있다. 필자도 신춘문예나 신인문학상을 통해 신문이나 잡지에 시 몇 편이 실리는 등단 형식보다는 이렇게 시집 한 권을 출판함으로써 작품 활동을 시작하는 방향이 더 좋은 면이 있다고 생각해왔다. 시인은 시를 쓰는 사람이다. 등단 유무가 시인인지 아닌지를 판별하는 기준이 될 수는 없다. 등단했다고 작품 활동을 본격적으로 한다는 것도 이상하다. 그런데도 한국에서 등단 제도는 마치 시인이 되고 시를 쓰는 데 필수 조건인 것처럼 여겨져 왔던 것이다. 사실 그간 써왔던

시들을 모아 시집을 발표함으로써 작품 활동을 시작하는 편이 그 시인의 시적 자질이나 개성, 문학세계를 확실히 판단할 수 있는 방식이다.[1] 한 권의 책으로 묶어 세상에 발표되는 김윤아의 이 시집도, 한 신인 시인의 시 세계를 오롯이 보여준다.

첫 시집에는 시인의 시관詩觀을 보여주는 시가 있기 마련이다. 어떤 시인의 첫 시집을 읽을 때 이 시관을 보여주는 시에 우선 주목하게 되는데, 아래의 시가 김윤아 시인의 시관을 보여주는 시 중의 하나라고 생각한다.

 신神이
 날개를 허락하는 순간

 추락할 틈 없이 날아가는 새처럼
 찰나가 무지개다리를 건너 구름의 집에 들었다가 무한
대인 하늘에 닿으려 한다

 위를 올려다보는 모두의 시선이 머물 곳을 찾을 때

---

[1] 이때 그 시집의 문학적 가치를 인정하여 출판을 감행하는 것은 출판사 몫이다. 출판사가 자신의 이름을 걸고 신인 시인의 시집을 출판함으로써 그 시인의 시를 세상에 내놓는 것이다. 그래서 시집 출간이 신인의 등단이 되는 방식에서는 출판사의 책임이 막중하다 하겠다.

터지는 함성

　　중력을 벗어 던지고
　　줄 하나에 매달린 도전으로 지옥과 천당을 오가는 사이
　　가끔은 착지해야 할 세상 귀퉁이에 이마와 발이 부딪치
기도 한다

　　외줄은 언제나 간발의 차이로 출렁인다
　　　　　　　　　　　　　　　　　－「외줄 타기」 전문

 '시인'이란 저 외줄 타는 사람과 같은 이 아닐까? 김윤아 시인은 그렇게 생각했을 테다. 시인은 "찰나"가 "무한대인 하늘에 닿으려" 하는 사람이기 때문이다. 그는 신으로부터 "날개를 허락"받은 사람이다. 물론 그 날개는 상상력을 가리킬 것이다. 그런데 신으로부터 허락받은 상상력은 축복이기도 하지만 저주이기도 하다. 새는 "추락할 틈"을 갖지 못하기 때문이다. 언제나 날고 있어야 하는 운명을 살아야 하는 존재자가 시인이다. 새는 죽음에 이르렀을 때 날기를 그친다. 반대로 말하면 날기를 그칠 때 죽음에 도달한다. 시인도 상상력을 접을 때 더 이상 시인으로서 살 수 없다. 그래서 '새-시인'의 삶은 '외줄 타기'처럼 위태롭다. 그는 "줄 하나에 매달"려 "간발의 차이"로 "지옥과 천당을 오가는" 광대와 같은 이인 것이다. 또한 그는 세상과 불화한다. 상상력을 통해 "중력을 벗어던지고" 하늘로 솟아올랐던 그는, 다시 세상에 착지하는 일이 쉽지 않기 때문이다. 하여 그는 "세상 귀퉁이에 이마와 발이 부딪치기도" 한다.

 세상의 중력을 벗어나고자 하는 시인의 삶과 이마를 땅바닥에 부딪쳐야 하는 세인世人으로서의 삶은 갈등할 수밖에 없다. 세상 속에서 자칫하면 '새-시인'은 죽어버린다. 하지만 세상을 떠나서 살 수는 없는 일이다. 그래서 시인과 세인, 두 역할을 하면서 살아야 하는 것이 또한 시인의 운명이다. 맥락은 조금 다르지만, 김윤아 시인이 "날마다 두 얼굴을 가지고 무대를 걸으며" "이 역할은 너무 힘들"(「지킬 앤 하이드」)다며 호소하는 것은 이 운명과 무관하지 않다. 그러나 이러한 이중생활이 시 쓰기의 모티프를 마련해주기도 한다. 그 생활은 자기 자신을 응시하면서 자신이 "하나이면서 여럿"(「캄캄에 드는 말」)으로 존재한다는 시적 인식으로 그를 이끌기 때문이다. 다시 말하면, 그 응시는 시인이 "내가 무너지면 다른 하나의 내가 태어나"는 모습을 보도록 이끌고, 이를 통해 그는 "어떤 나는 애초부터 있었고/ 어떤 나는 애초부터 없었다"(같은 시)는 인식을 얻는다. 시인의 운명을 신으로부터 허락받은 '나'는 "애초부터 있었"던 존재자라고 하겠지만 세상을 살아가기 위해 배역을 맡은 '나'는 "애초부터 없었"

던 존재자라는 자기 인식. 이러한 혼돈스러운 자신에 대해 시인은 '캄캄한 나'라고 표현한다.

하지만 김윤아 시인은 이러한 인식에 머무르지는 않는다. 그렇다면 그의 시는 정체되었을 것이다. 그의 시적 인식이 더 앞으로 나가게 되는 것은 타인의 존재가 그의 삶에 깊이 각인되기 때문이다. 하여 그는 '캄캄한 나'를 따라오는 불빛이 있다는 것을 인지하게 되는 것이다.

> 인간의 힘으로 할 수 없는 영역을 침범하려 할 때
> 신은 노여워한다
>
> 당신을 중환자실에 입원시키고
> 집으로 혼자 돌아오는 길
>
> 컴컴한 도로에 후미등 불빛이
> 지칠 줄 모르고 따라온다
>
> 돌아와
> 방구석에서
> 쭈글해진 생의 갈피에 앉아
> 당신을 적어 내려가고 있다
> ─「확신과 흔적」 부분

위에서 인용되지 않은 부분으로부터 구절을 가져오면, '당신'은 시인이 "터를 이루고/ 생활을 일으키고 소멸해 가는" 장소였다. 그러한 당신은 지금 "중환자실에 입원"해 있다. 깊은 병을 앓고 있기 때문이겠다. 항상 같이 생활했던 당신은 이제 집에 없다. 시인의 삶은 '컴컴한 도로' 위에 있게 되었다. 하지만 '후미등 불빛'이 "지칠 줄 모르고 따라"오는 것이다. 그 '불빛'은 당신에 대한 기억이리라. 이 '빛-기억'이 시인 앞의 컴컴한 길을 비추어준다. 시인이 시를 쓸 수 있는 것은 그 빛에 따라 당신에 대한 기억을 "적어 내려"갈 수 있기 때문이다. 그 '당신'은 누구일까. 위의 시에서는 오랜 기간 생활을 같이한 시인의 남편으로 추측된다.

이와 달리 「조만간 한번 다녀가셨으면」에 등장하는, "영정사진 속에만 있"는 '당신'은 시인의 돌아가신 아버지다. 시인 자신이 "몇십 년을 유복녀로 살아"왔다고 말하는 것을 보면 말이다. 시인이 태어나기 전에 돌아가셨을 '당신은', 그에게 "캄캄함이고 터널 같"다. 하지만 이 시에서도 '돌아가신-아버지'에 대한 그리움은 '불빛'이 되어 시인 앞에 놓인 캄캄한 터널을 비추어줄 것이다. 그렇기에 시인은 아버지에 대한 시를 쓸 수 있는 것일 테니 말이다. 시인은 "단 한 번만이라도 당신이 오신다면 노랑 스웨터를 입혀드리려고 짜"놓을 정도로 아버지를 그리워한다. 하지만 시인은 아버지에 대한 기억이 없다. 태어나기 전에 돌아가셨으니까. 그래서 아버지를 마음에서라도 만나기 위해선 상상이 필요하다. 상상은 "아버지가 있는 풍경"을 떠올리면서 이루어진다. 이 풍경은 "속도를 줄이고 보아야 선명하게 보인다"(「느린 풍경」)고 한다. 생활로 바쁜 삶의 속도를 줄여야 비로소 아버지의 모습이 보인다는 의미겠다. 하나 그렇게 나타난 아버지의 모습은 환영뿐임을 시인은 곧 알게 된다. 아버지가 보이자, 시인은 "이제야 마음을 전하려니" 여기지만, 곧 "전해 받을 사람이 없다"(같은 시)는 것을 깨닫는 것이다. 그러나 비록 환상에 그칠지라도, 상상으로 이끄는 애틋한 그리움이 시의 이미지를 형성시킨다.

죽은 이에 대한 그리움은 아버지에 한정되지 않는다. 오빠에 대한 그리움도 시인에게 절절하다. 「흰배추꽃나비」에 따르면, 오빠 역시 "내가 세상 바깥으로 나가기 전에" "이미 세상을 접고 말았다"[2]는 것. 오빠가 떠난 "그날 배추흰나비는 무리 지어 허공을 장식했다"는 말을 전해 들은 시인은, "호랑나비 한 마리/ 어쩌다 무릎 위에 내려앉

---

2) 그런데 오빠는 아버지처럼 시인이 태어나기 전에 세상을 뜬 건 아닌 것으로 보인다. "세상 밖으로 나가기 전"이란, 시인이 성장하기 전을 의미하는 것 같다. 인용한 시 「이팝나무 아래서」에서, 죽기 전의 오빠가 시인에게 기억되고 있는 것을 보면 말이다.

앉다 날아가면" 그 나비를 "맨발로 쫓아 나갔다"고 한다. 하지만 '호랑나비-오빠'는 "잡힐 듯 잡히지 않"았다. 오빠는 이 세상 사람이 아니었기에 당연한 일이다. 붙잡을 수 없는 오빠는 시인의 상상세계에 계속 출몰하면서, 시인의 삶 속에서 함께할 것이다.

  이팝나무 아래
  한껏 입 벌려 눈부시게 충만한 가난을 맞고 싶다

  가뭄이 시작되고
  기우제 대신 이팝나무 아래서 막걸리판을 벌이던 사람들

  하늘에 구멍을 내겠다는 그들과
  나는 같은 꿈을 꾸었다

  오빠 배고파! 라는 말에 밑동이 잘려 나가도 가지를 올리는 이팝나무처럼 떨어진 꽃잎을 쓸어 담아서라도 누이에게 고봉밥을 먹여주고 싶어 했던 오빠

  하늘이 구멍 난다면
  그 오빠를 만나러 갈 수 있을 것 같았다
  〈

나는 지금도 오래전 무너져 내린 집을 들락거리며 채반
에 올린 뽀얀 잔치국수를 나르던 기억 속에 머물곤 한다

  오빠는

  내 가슴의 심장이 되었다

  　　　　　　　　　　　－「이팝나무 아래서」 전문

 시인은 '충만한 가난'의 시절을 기억하고는 다시 그 시절을 맞이하고 싶다고 욕망한다. 가난이 충만할 수 있었던 것은, 지금은 없는 오빠가 있었기 때문이다. 어린 시인이 배고프다고 칭얼대면 오빠는 "떨어진 꽃잎을 쓸어 담아서라도 누이에게 고봉밥을 먹여주고 싶어 했"으니, 오빠의 사랑은 배고픈 어린 시인에게 충만한 마음을 선사했던 것이다. 이때의 충만은 기억 속의 "채반에 올린 뽀얀 잔치국수"로 상징화된다. 그리고 이 충만한 시절에 대한 기억은, 가뭄에 비가 오길 기원하며 "막걸리판을 벌이던 사람들"과 같은 마음으로 시인을 이끌 것이다. "하늘이 구멍" 나서 비가 쏟아지길 절실하게 바라는 사람들처럼 시인도 충만한 시절의 오빠와 다시 만나길 간절하게 기원하고 있으니 말이다. 이루어질 수 없기 때문에 하염없을 이 기원이, 시인의 삶에서 오빠가 사라지지 않았으리라.

 한편 위의 시에서, 지금은 없는 아버지와 오빠에 대한

상상의 시화$_{詩化}$를 넘어 시화의 대상이 좀 더 확장되고 있다는 점에도 주목된다. 시인은 비가 내리길 기원하며 막걸리를 마시는 사람에게도 시적인 시선을 던지고 있는 것이다. 시인이 가족이 아닌 타인들에게 보내는 시적인 시선은 주로 시인의 어린 시절에 겪었던 가난을 살고 있는 사람들에게 닿는다. 그래서 이들에 대한 시편들은 사회적역사적인 함의를 품고 있다. 가령 「열두 살 아리랑」은 "조선의 여공 이름표를 달고" "배고픔을 잊으려 타국에 갔지만", '동굴' 속에서 "고향의 배고픔보다 더 지독한 배고픔"과 만나야 했던 위안부 소녀를 보여준다. 할머니가 된 이 소녀는 그만 귀향하지 못하고 "타국의 하늘 아래를 영혼으로 떠돌고 있"는 '동무'를 그리워하며 소녀상의 "손을 덥석 잡"는다. 「오늘의 무게」는 "장터에/ 가져간 물건 다 팔지 못하고" "아이들 학비가 없어 하루 종일 무너지듯 울다가" "두 다리 풀린 가축처럼 돌아오"고 있는 '오지마을'의 한 여자를 조명한다. "자꾸 흘러내리는 가난으로" "쏟아지는 눈물"을 자신의 '무게'로 알고 살아야 하는 여자다. 그녀도 "꽃피어 눈부시게 아름다운 날을/ 설핏 떠올려"보곤 한다. 「영취산 불꽃」은 '여천공단'에서 "섭씨 45도 속으로" 삶이 "다 타버리"는 '하청업자들의 삶'에 대해 말하는 시다. 시인은 이 "공단 사람들도/ 영취산의 꽃들과 화합하듯/ 화전에 막걸리 한잔 걸치며 환하게 웃을 수 있"기를 기원한다.

  이렇듯 김윤아 시인은 가난과 노동으로 고통받는 사람들에 대해 깊은 애정을 갖고 있다. 그들이 자신의 가난한 시절을 떠올리게 하고 동병상련의 마음을 갖게 하기 때문일 것이다. 하지만 그 때문만은 아니다. 이들의 삶에서 어떤 아름다움을 발견하게 되기 때문이기도 하다. 가난한 사람들은 오지마을의 한 여자처럼, 그리고 막걸리를 마시며 비가 오길 기다리는 마을 사람들처럼 무엇인가를 꿈꾼다. 꿈꾸는 사람들은 아름답다. 아래 시의 '산수유'처럼 말이다.

    산수유 마을엔

    산수유가 피지 않아도

    사람들은 사철 노란 꽃을 가슴에 달고 산단다

    골짜기로 계절의 시새움이 흘러들어도

    하늘과 가장 가까운 대화를 나누는 사람들

    어떤 이가

    산수유는 꽃이 아니라 나무가 꾸는 꿈처럼 보인다고

    말했을 때

    〈

마음속 노랑에서 붉음으로

꽃에서 열매로 가는 길이 보였다
  ― 「산수유 같은」 전문

"사철 노란 꽃을 가슴에 달고" 사는, '산수유 마을'에 사는 사람들. 그들은 "하늘과 가장 가까운 대화를 나누는 사람들"이다. 어떻게 이들은 하늘과 대화할 수 있게 되었을까? 산수유 마을을 이루는 그들은 꿈을 꾸는 이들이기 때문이다. 산수유가 "나무가 꾸는 꿈"이기에 말이다. 꿈은 삶을 하늘과 연결시켜준다. 꿈꾸는 사람들은 하늘을 나는 새처럼 저 너머를 상상한다. 그런데 그렇게 꿈꾸는 이들 중에서 누군가의 가슴―마음―에 달고 있는 노란 꽃은 붉은 열매로 전화되기 시작한다. 그 '누군가'는 시를 쓰는 사람일 것이다. 꿈을 익혀 먹을 수 있는 열매로 만드는 이가 시 쓰는 사람이기 때문이다. 그렇기에 '누군가'는 김윤아 시인 자신을 지칭할 수도 있겠다. 물론 위의 시는 '산수유 마을' 사람들을 대상으로 한 시이긴 하지만, 시인도 이 마을 속에 있으면서 산수유처럼 변해갔으리라고 짐작할 수 있기에.

그런데 위의 시에서 흥미로운 지점은 산수유라는 자연물과 사람이 겹쳐지고 있다는 점이다. 이 점에 대해 서정

시의 '동일화'하는 특성을 보여준다고도 하겠지만, 자세히 읽으면 위의 시에서 시인이 자신의 마음을 투사하여 자연물을 의인화하는 것 – '세계의 자아화' – 이 아니라 자연 속에서 사람이 자연물화 되는 사태가 일어나고 있다. 그렇기에 위의 시에서 동일화보다는 사람의 자연물화, 사람의 '자연물 되기'가 일어나고 있다고 말하는 편이 옳겠다. 사람의 산수유 되기. 그래서 김윤아 시인에게 자연물은 사람의 마음을 의탁하는 대상이 아니라 동일화될 수 없는 타자, 사람이 대화를 꾀하는 타자로서 나타난다. 「불청객」을 보자. 이 시에서는, 제주도 여행을 마치고 집에 들어온 시인을 온갖 벌레들이 "불청객 바라보듯 바라보"고 있는 장면이 펼쳐진다. 집주인이 왔건만, 이 벌레들은 그의 등장에 아랑곳하지 않고 "밥상을 차리고 있"거나 "뜨겁게 사랑을 나누고" 있다. 시인은 "순간,/ 내가 침입자일까?" 헷갈려한다. 사실 저 벌레들에겐 내 것, 네 것이 없다. 온 세상이 자신들의 삶의 터전이다. 그렇기에 '내 집'의 테두리를 긋고 살고 있는 사람이 저 벌레들에겐 침입자일 수 있는 것이다.

   자연적 존재자가 주인이고 인공적인 존재자가 도리어 침입자라는 이러한 인식 전환은, 시인이 그 자연적 존재자와 좀 더 평등하고 겸손한 접촉을 하도록 만들 것이다. 가령 「황조롱이」에서 시인은 베란다에 "둥지를 틀"었지만 곧 "바람꽃처럼 곁을 떠"날 "황조롱이와 눈을 맞"추면서, 그 새가 "불현듯 창가로 날아와" 안부를 물을 것이며 "그러면 나는 그 발자국 소리에 맨발로 뛰쳐나가"라고 생각한다. 저 작은 새와 시인은 서열이 없는 친구와 같은 관계를 맺은 것, 그것은 비록 시인이 인간의 아파트-인간의 도시문명-에 살고 있더라도, 자연물을 재인식하고 자연물과 자연적인 층위에서 관계를 맺고자 했기에 가능할 수 있었다. 하여 시인은 아래의 시에서처럼 자연의 만물과 인사를 나눌 수 있는 세계를 상상할 수 있게 된다.

늦잠을 잔 가지가
눈 비비며 봄을 깨우자 봄이 몸을 풀며 일어난다

나는 나무에 눈 맞추며 인사하고
새들은 잔가지에 앉아 저들끼리 인사를 나눈다

교정엔
새내기들이 봄을 향해 강의실 문을 열고 얼굴을 내밀고

죽은 줄 알았던 향림사 늙은 소나무가 밑동에 연초록
싹을 내밀 듯 봄을 흔들어
나는 진짜 봄인가 싶어 눈 비비다

〈

봄 향기 가득한 쑥과

돌담에 속삭이는 햇살을 매만지며 걸었다

햇살이 봄을 눈부시게 밀고 오고 있다

―「봄」 전문

 "봄이 몸을 풀며 일어"나면서 시인도 즐거워진다. 봄의 생명력이 시인의 마음도 생기 있게 만들었기 때문이다. 봄이 오자 자연 만물은 잠에서 깨어나고, "잔가지에 앉"은 새들이 "지들끼리 인사를 나"누듯이 시인은 나무에 눈 인사를 보낸다. 봄 속에서 시인을 포함한 사람들도 자연의 일부가 되는 것, '교정'에 들어온 '새내기'들은 '연초록 싹'처럼 예쁘다. 이에 시인은 겨울잠에서 자연물들을 깨우며 "봄을 눈부시게 밀고 오"는 "햇살을 매만지며" 걷는다. 상대를 어루만질 때 느낄 수 있는 촉감은 상대와의 가장 밀접한 교감을 낳는다. 촉감은 상대와의 직접적인 접촉을 통해 느껴지는 것이기 때문이다. 그런데 봄이 오자 시인은 촉감을 통해 자연의 만물과 밀접하게 교감을 할 수 있게 된 것이다. 그 교감은, 비록 자신이 사람이지만 그 역시 자연의 일부임을 시인이 철저히 깨닫고 있어야 가능하다.

역시 시인은, 지구 안의 만물이 그렇듯이 "우리의 몸을 구성하는 물질이／ 먼 옛날 어떤 별의 일부분이었다"(「별밤 이야기」)는 깨달음에 도달해 있었다. 그렇기에 "달 같은 별과 해 같은 달이 나를 향해 쏟아"질 때, 그는 "감미로운 속삭임이 내 머릿속에서 불꽃놀이를 하"(같은 시)는 순간을 향유할 수 있었던 것이다. 별빛과 달빛은 그를 고향처럼 감싸주었던 것, 그래서 달빛은 아래 시에서 보듯이, 그를 고향에서의 어린 시절 기억으로 데려가기도 한다.

　　유복녀라 했다 나는

　　반도 끝자락 작은 어촌마을
　　달은 밤마다 엄마를 갯벌로 불러냈다

　　꼬막 낙지 칠게의 검은 구멍들과 술래잡기를 위해 엄마
　가 갯벌로 출근하면
　　옆집 할미 아짐 언니들이 젖을 물리고 기저귀를 갈았다
　고 했다

　　젖을 물고
　　손가락으로 달의 표면을 어루만지다
　　우둘투둘한 표피를 손톱으로 긁으면

핏줄이 부풀어 오르던 붉은 달

   우유병처럼 마개를 뽑아 실컷 들이키고 싶은 목마름으로

   낮과 밤이 바뀌어도
   어둠의 저편으로 번지는 끝나지 않을 울음
   바다가 차올라야 그쳤다고 한다

   어느 날
   서로를 끌어당기는
   달과 엄마의 촌수를 따지다가
   푸른 잉크를 찍어 검은 목마름을 달래기 시작했다
   　　　　　　　　　　　　　　　－「달」 전문

 아버지 없는 가정에서 엄마는 생계를 책임지셔야 했을 터, 엄마는 달이 뜨면 "꼬막 낙지 칠게"를 잡기 위해 "갯벌로 출근"해야 했다(썰물이 되어야 갯벌이 드러나기 때문에 엄마는 달이 뜰 때 갯벌에 나갔을 것이다). 그래서 엄마 대신 "옆집 할미 아짐 언니들이 젖을 물리고 기저귀를 갈"았다고 한다. 엄마 없는 어린 아기에게 달은 엄마의 가슴을 대신해주었다. 엄마의 가슴 대신 "손가락으로 달의 표면을 어루만"졌던 것이다. "우둘투둘한 표피를 손톱으로 긁"기까지 한 것은, 그만큼 엄마의 가슴에 대한, 즉 엄마의 애정에 대한 '목마름' 때문이었으리라. 엄마가 돌아올 시간인 "바다가 차"오를 때면, 그제야 아기는 "어둠의 저편"을 향해 울었던 울음을 그쳤을 테다. 그런데 '어느 날'엔가 아기는 어느새 성장하여 "푸른 잉크를 찍어 검은 목마름을 달래기 시작"했다고 한다. 즉 '글–시'를 쓰기 시작했던 것이다.

 위의 시는 시인이 언제 시를 쓰기 시작했는지를 보여준다. 시인에게 시 쓰기는, 목마름 속에서 어머니 가슴 대신 달을 어루만졌던 행위를 대체하는 일이었던 것이다. 시 쓰기는 사랑에 대한 갈망에서 비롯된 행위인 동시에 자연과의 직접적 교감을 글을 통해 이루어내는 일이었다. 이렇듯 위의 시는 김윤아 시인의 시 쓰기가 어떠한 연원을 갖고 시작되었는지, 그에게 시 쓰기가 어떤 의미를 갖고 있는지 그 내밀한 사연을 말해준다. 그에게 시 쓰기는 '자연–타자'와의 교감을 통해 사랑의 갈망을 충족하고자 하는 행위다. 그것은 생활 때문에 분열된 삶을 다시 통합하고자 하는 시도이기도 하다. 이 시집의 마지막에 실린 「그러므로 땡큐」에서 시인이 "행간마다 깊어지는 한숨// 나를 씻을 수 있는 소리는 언제나 밖에서 들려오고/ 그 지점에서 물풀들은 자라고"라고 말하는 것은 이와 관련시켜 생각할 수 있다. 물풀들이 자라는 소리에 이끌리면서 이루어지는 시 쓰기-그리하여 "기분 좋게 별 문장 하나 손에 들"게 될-는, 세속 생활의 필요성에서 빚어진 삶의 분열과 오염을 씻어낼 수 있다.

 하지만 이러한 시 쓰기가 쉬운 일은 아니다. 그것은 인간적인 것의 한계를 넘어 '자연-되기'를 통해 이루어지는 것이기 때문이다. 아래의 「그늘에 드는 시」에서 시인이 말하듯이, 그러한 '되기'를 달성한 시는 드물다. '나무-되기'를 이루어내려면 "나무의 잎새마다/ 이름을 붙"이며 "나무의 속에 가 닿을 수 있"어야 하고, 그것은 가능하지 못할 정도로 "나뭇잎의 마음을 쟁여야" 하는 일인 것이다. 김윤아 시인이 자신의 시 쓰기가 추구하는 '나무-되기"에 대해 시화詩化하여 보여주는 아래의 시는, 그가 이 시집에서 도달하고자 하는 시작詩作의 최고 목표 지점을 드러내고 있다고 생각한다. 이 시를 독자들과 함께 다시 읽으며 이 글을 마치고자 한다.

  시가 된 나무는 많아도
  나무가 된 시는 드물다

  느릅나무 굴참나무 향나무 포구나무
  나무의 그늘을 가지고 와 시를 쓰는 사람들
  〈

나는 나무의 잎새마다
이름을 붙여보려는 아주 볼품없는 소녀

얼마나 나뭇잎의 마음을 쟁여야
나무의 속에 가 닿을 수 있을까

잎새의 그늘에 드는 일은 나무가 되려는 일

저 잎새들도 내 이름을 데려다
제 그늘 밑에 놔준다면 얼마나 좋을까

내 그늘에 오늘의 마음을 맡기고 잠깐의 잠에 빠질 때
모로 누워 뒤척여

나무에게로 다가서려는 저녁
오가는 바람의 발자국이 나를 만진다

몸이 가려워진다
  －「그늘에 드는 시」 전문

상상인 시인선 *032*

지니야, 사랑도 네가 해줄래

초판 1쇄 발행 | 2023년 4월 25일

지 은 이 김윤아

펴 낸 곳 도서출판 상상인
펴 낸 이 진혜진
편   집 세종PNP
책임교정 종이시계
표지디자인 김민정

등록번호 제572-96-00959호
등록일자 2019년 6월 25일
주   소 06621 서울시 서초구 서초대로74길 29, 904호
전화번호 02-747-1367, 010-7371-1871
팩   스 02-747-1877
전자우편 ssaangin@hanmail.net

ISBN 979-11-91085-99-0 (03810)

값 10,000원

* 이 책은 전부 또는 일부 내용을 재사용하려면 반드시 저작권자와 도서출판 상상인의 동의를 받아야 합니다.
* 이 책은 교보문고와 연계하여 전자책으로도 발간되었습니다.